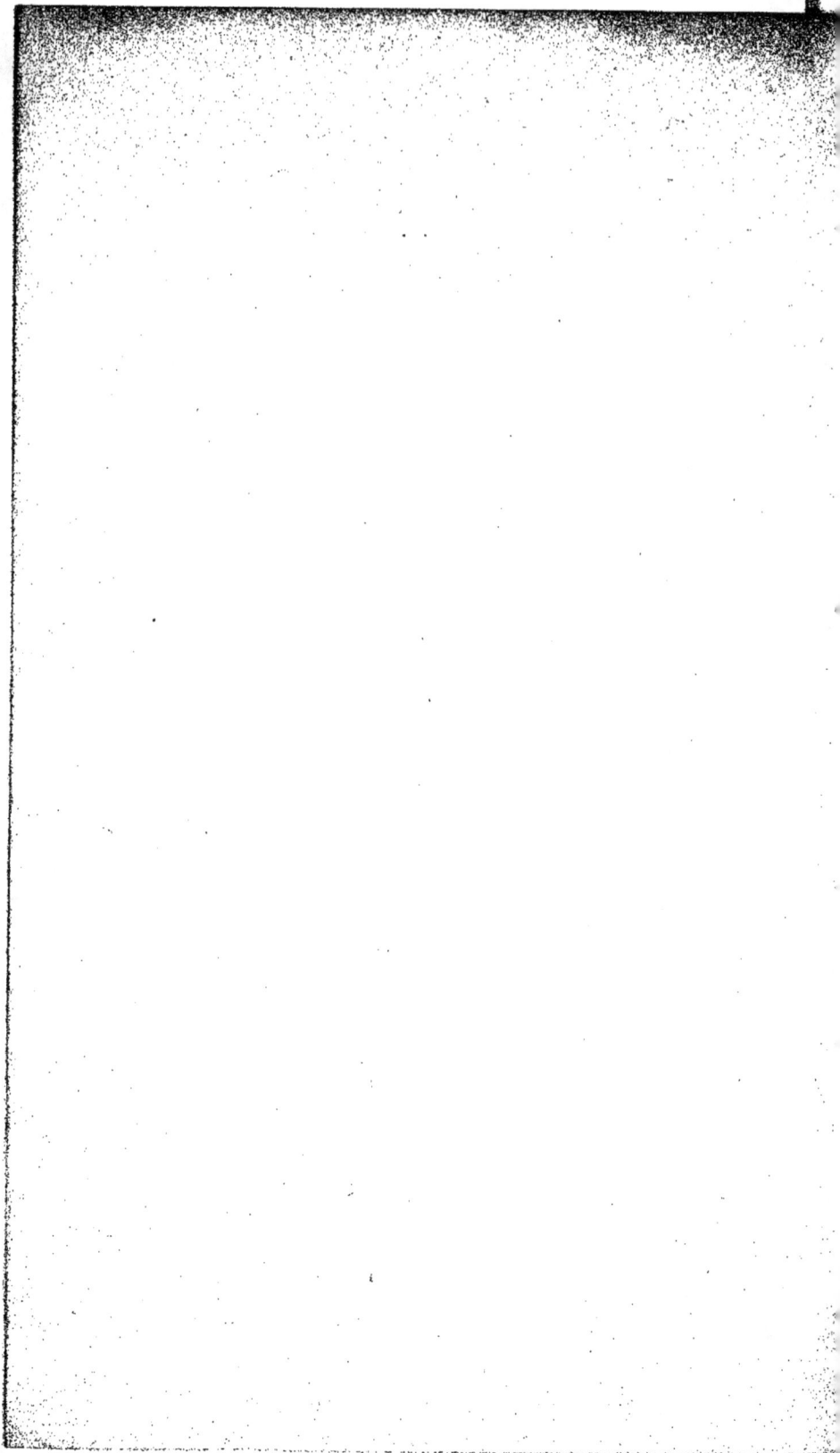

CÉRÉMONIE

DE LA

TRANSLATION DES RESTES DES FRANÇAIS

ET

DES AUTRICHIENS

Morts à Melegnano (Marignan), le 8 juin 1859.

(19 juin 1904)

~~~~~~

CLERMONT-FERRAND

IMPRIMERIE TYPOGRAPHIQUE ET LITHOGRAPHIQUE G. MONT-LOUIS

—

1904

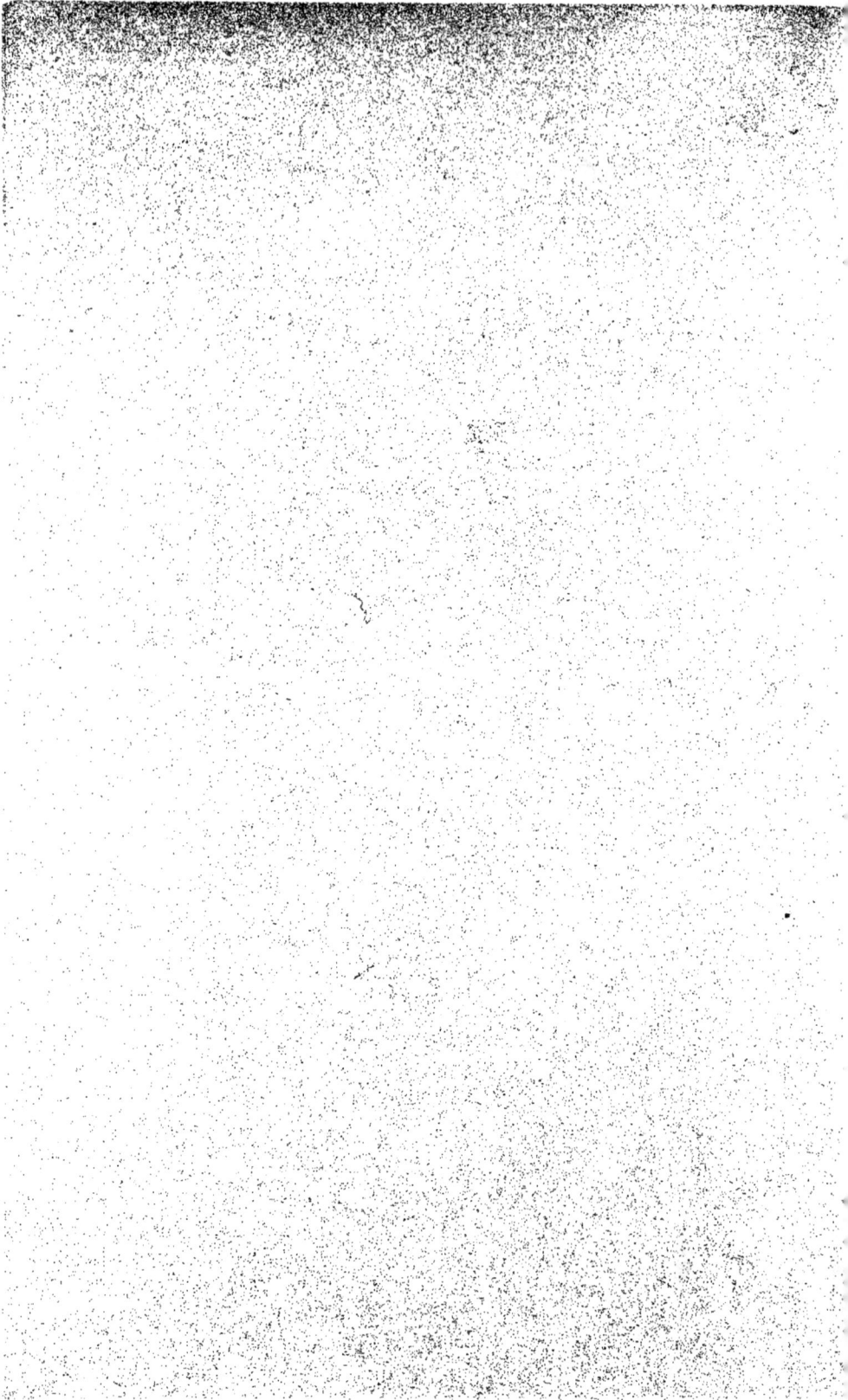

CÉRÉMONIE

DE LA

TRANSLATION DES RESTES DES FRANÇAIS

ET

DES AUTRICHIENS

Morts à Melegnano (Marignan), le 8 juin 1859.

(19 juin 1904)

CLERMONT-FERRAND

IMPRIMERIE TYPOGRAPHIQUE ET LITHOGRAPHIQUE G. MONT-LOUIS

1904

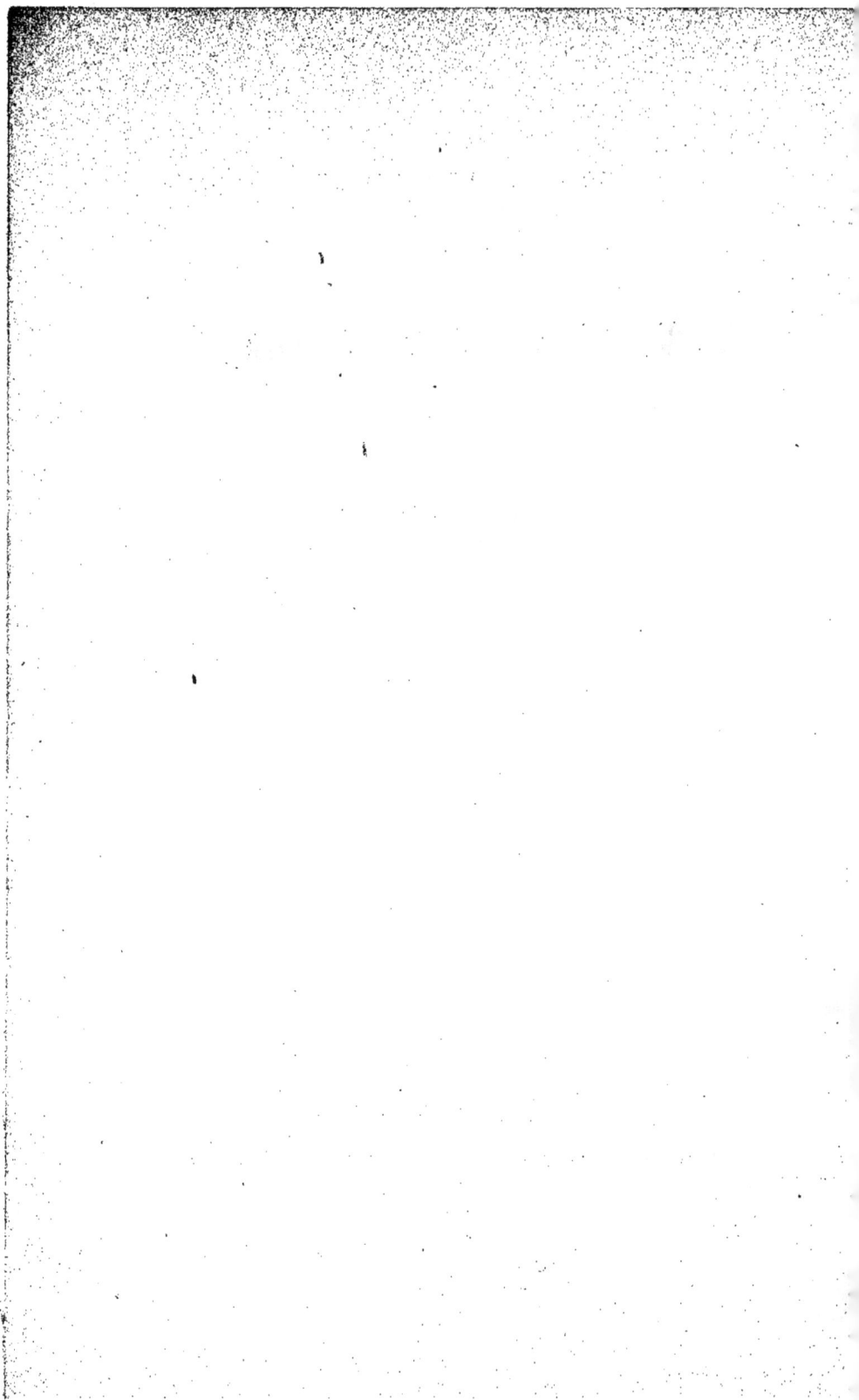

AU GÉNÉRAL LANES

Mon cher Camarade et Ami,

L'accueil enthousiaste fait à la Mission française que tu dirigeais; la chaude et amicale ovation dont tu as été l'objet, toi, vieux Zouave de Palestro (3ᵐᵉ), méritent d'être consacrés par un souvenir.

Bien des personnes t'ont demandé une copie du discours que tu as prononcé à Melegnano (Marignan).

Agrée, cher Ami, cette courte Notice qui relate ton passage à Milan en 1904, où tu as séjourné en 1859 après Palestro.

Ton vieil et bon camarade,

8412. PROMOTION DU DJURJURAH.

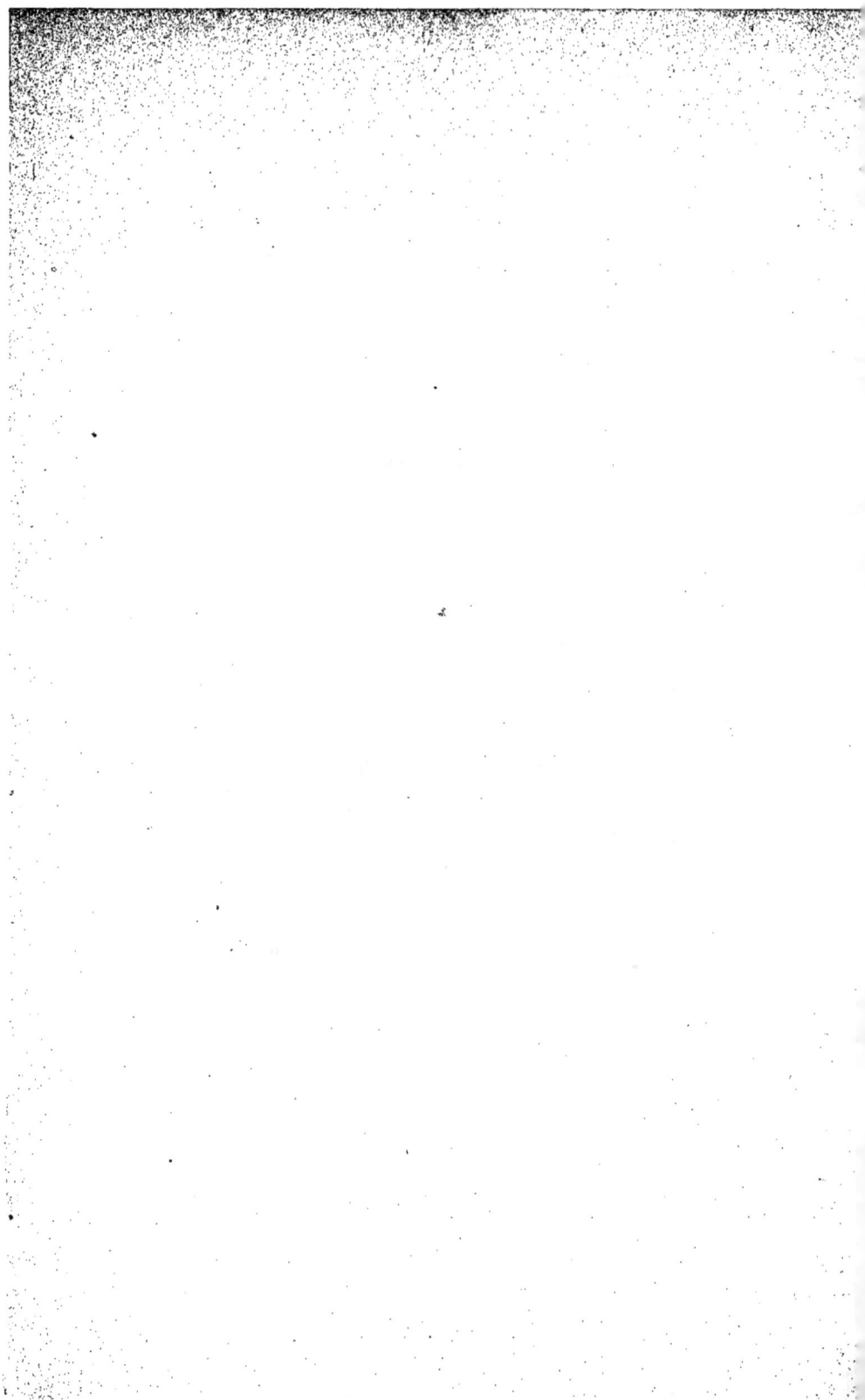

CÉRÉMONIE

DE LA

TRANSLATION DES RESTES DES FRANÇAIS

ET

DES AUTRICHIENS

Morts à Melegnano (Marignan), le 8 Juin 1859

La cérémonie de la translation des restes des Français et des Autrichiens morts à Melegnano (Marignan), le 8 juin 1859, du vieil Ossuaire au Monument élevé à leur mémoire a eu lieu le 19 juin 1904 ; elle était présidée par :

S. A. R. le duc de Gênes représentant le Roi ;

Le général Lanes, commandant le 2me Corps d'armée à Amiens, chef d'une Mission extraordinaire française ;

Le ministre Ronchetti, représentant le Gouvernement Italien.

M. le Consul d'Autriche à Milan s'étant excusé, la cérémonie est devenue purement et cordialement Italo-Française.

Y assistaient :

Le général Fccia di Cossato, commandant le Corps d'armée de Milan ; les généraux Goggia, Marini et Scribani ; les officiers supérieurs, les chefs de services et un grand nombre d'officiers du Corps d'armée ;

Les officiers composant la Mission française :

Le colonel d'Or du 33e, le commandant Messier de Saint-James, attaché militaire à l'Ambassade française, le major Strasser du 34e, le capitaine Dechizelle du 1er Zouaves, les lieutenants des 13ᵉ et 12ᵉ d'Artillerie, Geny et André, fils de notre Ministre de la Guerre ;

A cette Mission était attaché le très brillant lieutenant de Lanciers Genova, M. le comte de Rignon, dont on ne saurait trop louer le zèle infatigable et l'exquise urbanité ;

Les sous-officiers faisant partie de la Mission, choisis dans les régiments qui ont combattu à Marignan : 1ᵉʳ Zouaves, 33, 34 et 78ᵉ d'Infanterie, 1ᵉʳ Génie, 12ᵉ et 13ᵉ d'Artillerie ;

MM. le Préfet Alfasio et l'avocat Barinetti, maire de Milan ; le sénateur Facheris qui est de toutes les fêtes Franco-Italiennes, le député Resta...

Le consul de France M. Bosseront d'Anglade ;

M. le comm. Gondrand, notre si zélé président de la Chambre de commerce et si sympathique et dévoué président de notre Colonie ;

Presque tous les Français habitant Milan et la Lombardie;

Enfin de nombreuses députations venues de la Province avec bannières et fanfares.

La réception du cortège officiel a été des plus cordiales et des plus somptueuses. Elle a été faite par le Maire de Melegnano et M. l'avocat Peroni-Valvassori, président du Comité pour l'érection de l'Ossuaire monumental.

Les honneurs ont été rendus par le 4ᵐᵉ Lanciers, un régiment d'Infanterie, un bataillon de Bersagliers-cyclistes et une batterie d'Artillerie.

On ne saurait évaluer la foule accourue à Melegnano. Le chemin de fer a transporté plus de cinquante mille manifestants.

L'accueil fait par la population peut être qualifié d'enthousiasme fanatique. Incessants et assourdissants les cris de « Vive la France ! » auxquels répondaient les « Vive l'Italie ! » mêlés aux chants patriotiques exécutés par les musiques militaires et plus de trente fanfares accompagnant les Délégations.

Lunch, vermouth d'honneur, banquet de 400 couverts servi dans les salons du château des Médicis, illuminations fantastiques comme on sait les réussir en Italie, discours fraternels et patriotiques..., rien n'a manqué à cette fête parfaitement organisée qui a été une nouvelle démonstration cordiale Franco-Italienne.

M. Peroni-Valvassori a reçu la croix de chevalier de la Légion d'honneur des mains de M. le consul Bosseront d'Anglade et la croix de Saint-Maurice et Lazare du ministre Ronchetti.

Le sculpteur Barcaglia, auteur du beau monument, a été nommé chevalier de la Légion d'honneur et a reçu l'accolade du général Lanes.

Discours prononcé par le général Lanes.

« Altesse Royale, Excellence,

» Mesdames, Messieurs,

» Appelé par le Gouvernement de la République Française a conduire la Mission chargée de la représenter dans la grande cérémonie de ce jour, je suis à la fois fier et heureux de cette désignation.

» Fier, car elle constitue pour moi une marque d'estime et de confiance qui éclaire brillamment les derniers jours de ma carrière de soldat.

» Heureux, parce qu'elle me fournit l'occasion de revoir le théâtre de mes débuts dans cette carrière et de me retrouver au milieu des populations dont l'inoubliable accueil en 1859 est et restera le plus beau souvenir de ma vie.

» Loin de moi la prétention de refaire un historique que vous connaissez bien ; mais vous me permettrez de rappeler en peu de mots le souvenir de ceux dont l'enthousiasme et le dévouement ont préparé le grand et magnifique mouvement qui a créé l'Unité Italienne.

» Violemment comprimée après les malheureux traités de 1815 par l'occupation étrangère et la tyrannie des petits princes qui lui étaient inféodés, l'opinion publique libérale et progressiste par excellence se faisait jour quand même,

par les publications et les appels à l'indépendance d'écrivains patriotes dont le sympathique Silvio Pellico a conservé la mémoire vénérée par tous ceux qui ont lu leur long et douloureux martyre dans ses *Miei Prigioni*.

» Aussi, quel ensemble dans les protestations des peuples en 1848-49 ; quelle admirable énergie dans le soulèvement de tous les Etats de la Péninsule sous la brillante impulsion des Gioberti et Balbo en Piémont.

» Casati et Lazzati à Milan.

» Manin, Avvezzati, Tomaseo à Venise.

» Mazzini à Rome d'abord, puis à Naples avec Garibaldi. Hélas ! l'heure de la liberté et de l'indépendance n'était pas encore sonnée à l'horloge de la Justice immanente ! comme disait notre illustre compatriote Gambetta.

» Les efforts faute d'union, les sacrifices faute d'appuis restaient encore stériles et une sanglante répression suivait seule d'infructueuses tentatives.

» Mais les patriotes italiens ne pouvaient pas désarmer.

» Le roi Victor-Emmanuel ne pouvait perdre de vue le but indiqué par son père Charles-Albert, et, secondé par l'habile Cavour il finit par obtenir l'intervention de la France, cette sœur fidèle de l'Italie, toujours prête à mettre son épée au service des causes justes et des grands principes proclamés par sa révolution de 1789.

» Le terrain était certes bien préparé, la semence féconde avait enfin germé et les événements de 1859 ne surprirent personne dans ce beau pays d'Italie qui, depuis un demi-siècle, aspirait à reprendre dans le concert européen une place qui lui était due et dont l'avait seul privé jusque-là son morcellement et ses divisions.

» L'armée Française est accueillie avec une véritable explosion d'enthousiasme par l'armée Piémontaise, dont elle avait pu apprécier les rares qualités en Crimée, et par les populations avides de progrès et d'union. Des volontaires de toutes les parties de l'Italie viennent sous les ordres de Garibaldi apporter aux troupes alliées le précieux concours de leur courage et de leur entrain.

» Les étapes sont marquées par autant de victoires : Montebello, Palestro, Robechetto, Magenta, Melegnano, San

Martino, Solferino fournissent l'occasion de rivaliser d'ému-
lation et d'énergie.

» Il serait trop long et d'ailleurs inutile de remémorer
les détails de ces glorieux combats où fraternisent les soldats
des deux nations.

» Vous me pardonnerez cependant de résumer rapidement
les circonstances de la lutte dont le souvenir réunit aujour-
d'hui, sur le théâtre même où elle s'est déroulée, les repré-
sentants des deux nations amies et les successeurs de ceux
qui sont tombés sur le champ de bataille déjà illustré par
leurs aïeux de 1815.

» Le 8 juin, l'armée Française traverse, sur un tapis de
fleurs, Milan où elle est l'objet d'une de ces ovations dont
vous avez l'heureux privilège.

» Les 1er, 2e et 4e Corps sont dirigés sur Melegnano encore occupé par une forte arrière-garde des Autrichiens en
retraite vers l'Adda et le Mincio. Le maréchal Baraguey-
d'Hilliers a ordre d'emporter la ville le jour même.

» Le 1er Corps suit la chaussée directe de Milan à Melegnano qu'il aborde de front, le 2e marche au nord, le 4e au
sud de cette chaussée avec mission de déborder la ville des
deux côtés.

» Arrivé le premier, bien qu'ayant fourni la plus longue
étape (30 kilomètres), le 1er Corps se trouve à cinq heures
trois quarts en face d'une défense très sérieusement organisée, d'abord au moyen d'une barricade de troncs d'arbres,
puis d'un fossé coupant la route, ensuite par les maisons
crénelées flanquant le cimetière fortement occupé, enfin par
le château.

» Enivrés par les manifestations sympathiques et enthou-
siastes de Milan, désireux de s'en montrer dignes, peut-être
aussi jaloux des lauriers conquis par le 2e Corps à Magenta,
chefs et soldats n'hésitent pas un instant.

» Sans attendre l'effet pourtant certain du mouvement dé-
bordant des 2e et 4e Corps, ou même ceux plus rapprochés
de ses 1re et 2e Divisions, sans attendre davantage les résul-
tats d'une préparation indispensable d'artillerie par ses batteries appartenant aux 12e et 13e régiments, sans se préoc-
cuper des obstacles accumulés devant elle, ni du feu terri-

ble partant du cimetière et des rizières au nord de la ville,
la 3ᵉ Division du 1ʳᵉ Corps (1ᵉʳ zouaves, 33ᵉ et 34ᵉ de ligne)
se précipite au pas de course sur le cimetière et la barricade ; les enlève à la baïonnette, pénètre dans les rues prin-
cipales en dépit des balles et de la mitraille, et débouche
sur la place du Château.

» La fusillade devient effrayante, les officiers et les soldats tombent de tous côtés : le colonel Paulze d'Ivoy, du
1ᵉʳ Zouaves, est frappé à mort, mais le château est emporté
dans un élan irrésistible et les Zouaves s'embusquent der-
rière les premières maisons de Carpiano suivis immédia-
tement par les 33ᵉ et 34ᵉ de ligne et appuyés plus loin par
les 37ᵉ et 78ᵉ.

» A gauche de cette vigoureuse attaque, la 2ᵉ Division
a gagné du terrain, elle suit le Lambro et des fractions de
sa tête (10ᵉ bataillon de Chasseurs et 15ᵉ de ligne) parvien-
nent au pont. Les Autrichiens le franchissent à ce moment
en désordre ; ils sont rejetés en partie sur le 33ᵉ à travers
lequel ils s'ouvrent un sanglant passage.

» La brigade autrichienne Boer qui arrive alors, ne peut
plus concourir à la défense et doit se borner à protéger la
retraite des soldats du général Roden qui s'écoulent vers
Lodi, sous le feu de deux batteries du 2ᵉ Corps entrant enfin
en ligne à 8 heures du soir.

» La nuit et un orage épouvantable mettent un terme à
cette lutte acharnée dans laquelle les adversaires ont fait
preuve d'un égal courage.

» Le 1ᵉʳ Corps restait maître du terrain, mais payait cher
son succès : 15 officiers tués, 56 blessés dont 2 généraux, un
millier de soldats tués ou blessés. La 3ᵉ Division perdait à
elle seule 800 hommes.

» C'est au souvenir de ces morts tombés glorieusement
au champ d'honneur, victimes du devoir accompli, que viennent aujourd'hui rendre hommage les Gouvernements Français et Italiens représentés par les hautes autorités réunies
sur le théâtre de leurs exploits et parmi lesquelles il m'est
agréable de saluer S. A. R. Monseigneur le duc de Gênes,
spécialement désigné par S. M. le Roi d'Italie.

» Ces braves ont arrosé de leur sang les germes de la

nation Italienne. Ces germes se sont largement développés à la suite de la merveilleuse expédition des Mille et sont arrivés à porter leurs fruits par l'abandon de la Vénétie et enfin par l'installation à Rome, sa capitale naturelle, d'un Gouvernement libéral sous la haute direction de la vieille maison de Savoie, devenue chère à l'Italie, dont elle s'enorgueillit à juste titre d'avoir fondé l'unité désormais intangible après une éclipse de quinze siècles.

» L'érection de ce monument, après ceux de Palestro et de Magenta, à la mémoire de ceux qui ont payé de leur vie sa liberté et son indépendance, est une preuve que notre sœur l'Italie conserve comme nous le culte des services rendus.

» Nos cœurs n'ont pas oublié les généreuses démonstrations de gratitude apportées en 1870 à notre chère Patrie par Garibaldi et ses volontaires.

» Honneur à eux pour leurs nobles efforts en faveur de la France affaissée sous le poids de désastres inouïs.

» L'Europe entière indifférente l'abandonnait, seul le peuple Italien s'est souvenu et lui a tendu une main secourable.

» Grâces lui soient rendues pour sa noble intervention :

» Au nom des successeurs des braves qui reposent sur cette terre hospitalière et dont tous les régiments se font un honneur de nous envoyer leurs délégués ;

» Au nom du Gouvernement de la République et des rares survivants de cette campagne de 1859 que je représente auprès de vous ;

» Au nom du peuple Français tout entier, profondément touché dans ses fibres les plus intimes par la reconnaissance et les manifestations sympathiques du peuple Italien.

» Espérons qu'en dépit de quelques légers malentendus aujourd'hui oubliés et disparus,

» (Un proverbe français dit : « Les petites querelles font » les bons ménages ».)

» Le sang mêlé sur les champs de bataille cimente *désormais pour toujours* l'affection naturelle des deux peuples frères par leur origine et plus encore par la communauté des sentiments, des aspirations et des intérêts.

» Forts de cette union, regardons avec confiance l'avenir de nos Patries ! et, la main dans la main répétons ensemble les cris que poussaient en 1859 nos vieux compagnons d'armes électrisés par cette entente cordiale :

» *Evviva Vittorio-Emmanuele!*
» *Evviva l'Italia!* »

———————

Le séjour de la Mission à Milan a été pour les Milanais une occasion de démontrer, par des ovations incessantes, leur sincère amitié et reconnaissance pour la France à laquelle ils reportent la gloire d'avoir libéré leur sol. Ils n'oublient pas que c'est à Milan que Victor-Emmanuel II, entrant sous l'égide de l'armée française victorieuse, a proclamé la création du royaume d'Italie.

Le 17 juin au soir, le drapeau français flottait sur l'Hôtel de la ville où des appartements avaient été retenus aux frais du Municipe pour la Mission française. Les monuments publics et bien des habitations étaient pavoisés aux couleurs françaises.

Le 18 au matin, échange des visites officielles. A midi, déjeuner offert par la Municipalité, sous la présidence du Maire, M. Barinetti, nommé officier de la Légion d'honneur à l'occasion du voyage de M. Loubet en Italie.

Dans l'après-midi, promenade dans Milan et, le soir, grand dîner offert par le général Fecia di Cossato, suivi d'une soirée de gala au théâtre Dal Verme, où le général Lanes et la Mission française ont été l'objet de perpétuelles ovations.

Le 19, cérémonie de Melegnano (Marignan).

Le 20 au matin, visite du château des Sforza où le général Lanes a été reçu par le colonel Missori, un vétéran des campagnes de l'indépendance de l'Italie ; puis, déjeuner offert par MM. les officiers du Corps d'armée de Milan. Continuation de la visite des monuments et, le soir, dîner offert par le consul de France, M. Bosseront d'Anglade.

Le 21, visite à la caserne des Pompiers où la Mission française a vu préparer en 34 secondes — prêts à partir pour un incendie supposé — une automobile, un char de premier secours, une échelle aérienne et une pompe à vapeur. Un lunch a été offert par M. le chev. Goldoni, commandant des Pompiers.

A midi, déjeuner offert par le général Lanes aux autorités civiles et militaires, à notre Consul et au Président de la Colonie française.

Dans l'après-midi, lunch à la Chambre de commerce.

Le 22, visite du Dôme de Milan, puis déjeuner chez M. le comm. Gondrand, président de notre Chambre de commerce.

Le soir, dîner offert par M. le comte de Rignon à la Mission.

Le 23, la Mission ayant pris fin, le général Lanes a fait quelques visites privées et a accepté à déjeuner chez un vieux camarade de sa promotion de Saint-Cyr (1856-58) établi à Milan ; puis il a repris le chemin de France en s'arrêtant à l'Ossuaire de Palestro où il a combattu comme sous-lieutenant du 3me Zouaves.

ÉPILOGUE

Dans sa séance du 1er juillet, le Conseil municipal de Milan a conféré par acclamation le droit de cité au général Lanes. Voici la proposition qui a donné lieu au vote si flatteur pour notre compatriote, pour l'armée et le peuple français.

Extrait de la séance du *Conseil municipal de Milan*, 1er juillet 1904.

PROPOSITION DE LA JUNTE

Pour conférer le titre de CITOYEN HONORAIRE DE MILAN au *général Lanes* commandant le 2e Corps d'armée à Amiens.

« Il y a quelques jours, notre ville, qui a le culte du souvenir, accueillait avec joie la Mission militaire française, déléguée pour assister à l'inauguration de l'Ossuaire de Melegnano.

» Dans une pensée de haute et délicate manifestation, le Gouvernement Français a choisi pour chef de la Mission, le général Lanes, un des rares survivants de ces Zouaves qui, en 1859, combattirent courageusement pour l'indépendance de l'Italie.

» Et le général Lanes rappelait, avec une satisfaction intime, d'avoir commencé sa carrière au combat de *Palestro* et remémorait l'enthousiasme exalté et plein d'espérance de ces journées.

» Le vieux et fort soldat sentait vibrer en lui la grande

âme milanaise, pleine d'une reconnaissance dévouée, et se déclarait heureux de terminer, avec cette patriotique mission, sa carrière de soldat.

» Messieurs les Conseillers, Milan qui a donné de si nombreux et sincères témoignages de satisfaction en recevant les délégués du Commerce français et la Mission militaire, a manifesté si clairement ses sentiments d'amour et de reconnaissance, a justement apprécié le digne représentant de ces preux qui ont combattu avec nos aînés les batailles libératrices pour notre Patrie qui devaient réaliser le rêve de nos martyrs.

» Pour affirmer notre reconnaissance envers l'entière Armée française si valeureuse, et l'union qui de plus en plus lie les deux nations sœurs, la Junte propose à l'honorable Conseil de proclamer *Citoyen honoraire de Milan* le **général Lanes,** chef de la Mission française venue pour inaugurer le monument élevé à la mémoire des morts à la bataille de Melegnano. »

Clermont-Fd. — Imp. G. Mont-Louis.

112

www.ingramcontent.com/pod-product-compliance
Lightning Source LLC
Chambersburg PA
CBHW070741280326
41934CB00011B/2770